GANZ SCHÖN

Goethe

EIN LITERARISCHES
LESEVERGNÜGEN

arsEdition

An Zerstreuung lässt es
uns die Welt nicht fehlen.
Wenn ich lese, will ich
mich sammeln.

Dichterfürst und Universalgenie: Aus seiner Feder stammen *Faust* und *Werther, West-östlicher Divan* und *Italienische Reise,* unzählige Gedichte vom *Heideröslein* bis zum *Zauberlehrling* – alles bis heute gespielt, gelesen, zitiert.

Doch Johann Wolfgang von Goethe, 1749 in eine Frankfurter Bürgerfamilie hineingeboren, war nicht nur Literat. Da gibt es noch den Staatsminister und Geheimrat Goethe, den Forscher, der sich mit Farbenlehre, Bergbau und Botanik beschäftigt und schließlich schlicht den Menschen, der bis zu seinem Tod – 1832 in Weimar – nicht aufhört, neugierig und offen durch die Welt zu gehen: »Ei, bin ich darum achtzig Jahre alt geworden, dass ich immer dasselbe denken soll? Man muss sich immerfort verändern, erneuen, verjüngen, um nicht zu verstocken.«

Nicht zuletzt den privaten Goethe dürfen die Leser dieses Bändchens kennenlernen. Eine kleine, aber feine Auswahl an Zitaten führt von der Weltliteratur über lebensphilosophische Weisheiten bis hin zu Dingen des Alltags: Denn auch das Jammern über schlecht sitzende Haare oder lästige Schnaken, Tipps zum Zubereiten des Bratens oder rasch auf Zettelchen gekritzelte Botschaften an die Geliebte sind:

Ganz schön Goethe!

Mein schönes Fräulein, darf ich wagen ...

FAUST:
  Mein schönes Fräulein, darf ich wagen,
  Meinen Arm und Geleit Ihr anzutragen?

MARGARETE:
  Bin weder Fräulein, weder schön,
  Kann ungeleitet nach Hause gehn.

(Sie macht sich los und ab.)

FAUST:
  Beim Himmel, dieses Kind ist schön!
  So etwas hab ich nie gesehn.
  Sie ist so sitt- und tugendreich,
  Und etwas schnippisch doch zugleich.
  Der Lippe Rot, der Wange Licht,
  Die Tage der Welt vergess ich's nicht!
  Wie sie die Augen niederschlägt,
  Hat tief sich in mein Herz geprägt;
  Wie sie kurz angebunden war,
  Das ist nun zum Entzücken gar!

Mephistopheles tritt auf.

FAUST:
  Hör, du musst mir die Dirne schaffen!

MEPHISTOPHELES:
  Nun, welche?

FAUST:
  Sie ging just vorbei.

MEPHISTOPHELES:
  Da die? Sie kam von ihrem Pfaffen,
  Der sprach sie aller Sünden frei
  Ich schlich mich hart am Stuhl vorbei,
  Es ist ein gar unschuldig Ding,
  Das eben für nichts zur Beichte ging;
  Über die hab ich keine Gewalt!

FAUST:

Ist über vierzehn Jahr doch alt.

MEPHISTOPHELES:

Du sprichst ja wie Hans Liederlich,
Der begehrt jede liebe Blum für sich,
Und dünkelt ihm, es wär kein Ehr
Und Gunst, die nicht zu pflücken wär;
Geht aber doch nicht immer an.

FAUST:

Mein Herr Magister Lobesan,
Lass Er mich mit dem Gesetz in Frieden!
Und das sag ich Ihm kurz und gut:
Wenn nicht das süße junge Blut
Heut Nacht in meinen Armen ruht,
So sind wir um Mitternacht geschieden.

Faust I

Manuskriptseite aus »Faust«

Tadelt man, dass wir uns lieben,

Dürfen wir uns nicht betrüben:

Tadel ist von keiner Kraft.

Andern Dingen mag das gelten;

Kein Missbilligen, kein Schelten

Macht die Liebe tadelhaft.

Wunderlichstes Buch der Bücher
Ist das Buch der Liebe;
Aufmerksam hab ich's gelesen:
Wenig Blätter Freuden,
Ganze Hefte Leiden;
Einen Abschnitt macht die Trennung.
Wiedersehn! ein klein Kapitel,
Fragmentarisch. Bände Kummers
Mit Erklärungen verlängert,
Endlos, ohne Maß.
O Nisami! – doch am Ende
Hast den rechten Weg gefunden;
Unauflösliches, wer löst es?
Liebende, sich wieder findend.

West-östlicher Divan, Buch der Liebe

Selige Sehnsucht

Sagt es niemand, nur den Weisen,
Weil die Menge gleich verhöhnet,
Das Lebend'ge will ich preisen,
Das nach Flammentod sich sehnet.

In der Liebesnächte Kühlung,
Die dich zeugte, wo du zeugtest,
Überfällt dich fremde Fühlung,
Wenn die stille Kerze leuchtet.

Nicht mehr bleibest du umfangen
In der Finsternis Beschattung,
Und dich reißet neu Verlangen
Auf zu höherer Begattung.

Keine Ferne macht dich schwierig,
Kommst geflogen und gebannt,
Und zuletzt, des Lichts begierig,
Bist du, Schmetterling, verbrannt.

Und solang du das nicht hast,
Dieses: »Stirb und werde!«
Bist du nur ein trüber Gast
Auf der dunklen Erde.

Tut ein Schilf sich doch hervor,
Welten zu versüßen!
Möge meinem Schreibe-Rohr
Liebliches entfließen!

West-östlicher Divan, Buch des Sängers

Alles gaben Götter, die unendlichen,

ihren Lieblingen ganz,

alle Freuden, die unendlichen,

alle Schmerzen, die unendlichen, ganz.

An Auguste Gräfin zu Stolberg

Was ich weiß, kann jeder wissen.
Mein Herz habe ich allein.

Freunde offenbaren einander

gerade das am deutlichsten,

was sie einander verschweigen.

Sind wir nicht auch

mit dem Gewissen verheiratet,

das wir oft gerne los sein möchten,

weil es unbequemer ist,

als uns je ein Mann oder

eine Frau werden könnte?

Eine kleine Liebschaft ist das Einzige,

was uns einen Badeaufenthalt

erträglich machen kann.

Sonst stirbt man vor langer Weile.

Willkommen und Abschied

Es schlug mein Herz, geschwind, zu Pferde!
Es war getan fast eh gedacht.
Der Abend wiegte schon die Erde,
Und an den Bergen hing die Nacht;
Schon stand im Nebelkleid die Eiche
Ein aufgetürmter Riese, da,
Wo Finsternis aus dem Gesträuche
Mit hundert schwarzen Augen sah.
Der Mond von einem Wolkenhügel
Sah kläglich aus dem Duft hervor,
Die Winde schwangen leise Flügel,
Umsausten schauerlich mein Ohr;
Die Nacht schuf tausend Ungeheuer,
Doch frisch und fröhlich war mein Mut:
In meinen Adern welches Feuer!
In meinem Herzen welche Glut!

Dich sah ich, und die milde Freude
Floss von dem süßen Blick auf mich;
Ganz war mein Herz an deiner Seite
Und jeder Atemzug für dich.
Ein rosenfarbnes Frühlingswetter
Umgab das liebliche Gesicht,
Und Zärtlichkeit für mich – ihr Götter!
Ich hofft es, ich verdient es nicht!
Doch ach, schon mit der Morgensonne
Verengt der Abschied mir das Herz:
In deinen Küssen welche Wonne!
In deinem Auge welcher Schmerz!
Ich ging, du standst und sahst zur Erden
Und sahst mir nach mit nassem Blick:
Und doch, welch Glück, geliebt zu werden!
Und lieben, Götter, welch ein Glück!

Kennst du das Land,
wo die Zitronen blühn?

Kennst du das Land, wo die Zitronen blühn,

Im dunklen Laub die Goldorangen glühn,

Ein sanfter Wind vom blauen Himmel weht,

Die Myrte still und hoch der Lorbeer steht?

Kennst du es wohl?

Dahin, dahin

Möcht ich mit dir, o mein Geliebter, ziehn!

Wilhelm Meisters Lehrjahre,
Lied der Mignon

Den 3. September 1786

Früh drei Uhr stahl ich mich aus Karlsbad, weil man mich sonst nicht fortgelassen hätte. Die Gesellschaft, die den achtundzwanzigsten August, meinen Geburtstag, auf eine sehr freundliche Weise feiern mochte, erwarb sich wohl dadurch ein Recht, mich festzuhalten; allein hier war nicht länger zu säumen. Ich warf mich ganz allein, nur einen Mantelsack und Dachsranzen aufpackend, in eine Post-Chaise und gelangte halb acht Uhr nach Zwota, an einem schönen stillen Nebelmorgen. Die oberen Wolken streifig und wollig, die unteren schwer. Mir schienen das gute Anzeichen. Ich hoffe, nach einem so schlimmen Sommer einen guten Herbst zu genießen. Um zwölf in Eger, bei heißem Sonnenschein; und nun erinnerte ich mich, dass dieser Ort dieselbe Polhöhe habe wie meine Vaterstadt, und ich freute mich, wieder einmal bei klarem Himmel unter dem funfzigsten Grade zu Mittag zu essen.

Italienische Reise

Man reist ja nicht, um anzukommen,

sondern um zu reisen.

Wie oft werden wir von einem scharf ins Auge gefassten
Ziel abgelenkt, um ein höheres zu erreichen!
Der Reisende bricht unterwegs zu seinem höchsten
Verdruss ein Rad und gelangt durch diesen
unangenehmen Zufall zu den erfreulichsten
Bekanntschaften und Verbindungen, die auf sein ganzes
Leben Einfluss haben. Das Schicksal gewährt uns
unsere Wünsche, aber auf seine Weise.

Die Wahlverwandtschaften

Rom, den 1. November 1786

Ja, ich bin endlich in dieser Hauptstadt der Welt angelangt! (...)
Über das Tiroler Gebirg bin ich gleichsam weggeflogen.
Verona, Vicenz, Padua, Venedig habe ich gut, Ferrara, Cento,
Bologna flüchtig und Florenz kaum gesehen.
Die Begierde, nach Rom zu kommen, war so groß, wuchs so
sehr mit jedem Augenblicke, dass kein Bleiben mehr war (...).
Nun bin ich hier und ruhig und, wie es scheint, auf mein
ganzes Leben beruhigt. Denn es geht, man darf wohl sagen,
ein neues Leben an, wenn man das Ganze mit Augen sieht,
das man teilweise in- und auswendig kennt.

Italienische Reise

Saget, Steine, mir an, o sprecht, ihr hohen Paläste!
Straßen, redet ein Wort! Genius, regst du dich nicht?
Ja, es ist alles beseelt in deinen heiligen Mauern,
Ewige Roma; nur mir schweiget noch alles so still.
O wer flüstert mir zu, an welchem Fenster erblick ich
Einst das holde Geschöpf, das mich versengend erquickt?
Ahn ich die Wege noch nicht, durch die ich immer und immer
Zu ihr und von ihr zu gehn, opfre die köstliche Zeit?
Noch betracht ich Kirch und Palast, Ruinen und Säulen,
Wie ein bedächtiger Mann schicklich die Reise benutzt.
Doch bald ist es vorbei: Dann wird ein einziger Tempel
Amors Tempel nur sein, der den Geweihten empfängt.
Eine Welt zwar bist du, o Rom; doch ohne die Liebe
Wäre die Welt nicht die Welt, wäre denn Rom auch nicht Rom.

Römische Elegien

Der Neapolitaner glaubt, im Besitz des **Paradieses** zu sein, und hat von den nördlichen Ländern einen sehr traurigen Begriff: »Sempre neve, case di legno, gran ignoranza, ma danari assai.« Solch ein Bild machen sie sich von unserem Zustande. Zur Erbauung sämtlicher deutschen Völkerschaften heißt diese Charakteristik übersetzt: »Immer Schnee, hölzerne Häuser, große Unwissenheit; aber Geld genug.«

Italienische Reise

Ich finde in diesem Volk die lebhafteste und geistreichste Industrie, nicht um reich zu werden, sondern um sorgenfrei zu leben.

Italienische Reise

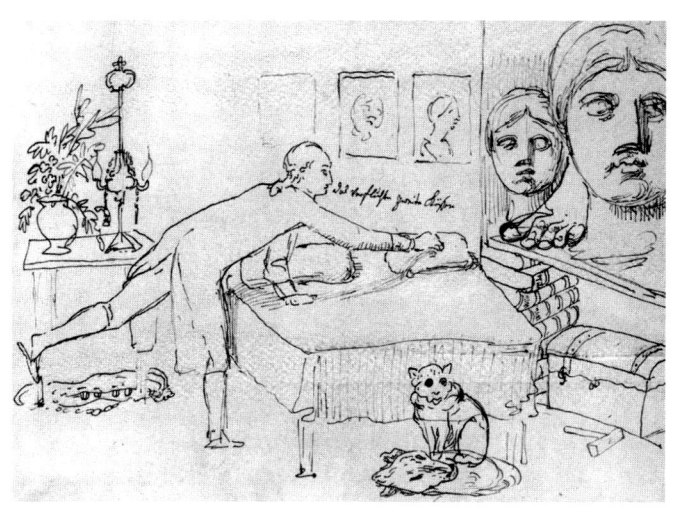

Das ist Italien, das ich verließ.

Noch stäuben die Wege,

noch ist der Fremde geprellt,

stell er sich, wie er auch will.

Deutsche Redlichkeit suchst du

in allen Winkeln vergebens:

Leben und Weben ist hier,

aber nicht Ordnung und Zucht.

Venezianische Epigramme

Your lover forever ...

Froh empfind' ich mich nun auf klassischem Boden begeistert,
  Vor- und Mitwelt spricht lauter und reizender mir.
Ich befolge den Rat, durchblättre die Werke der Alten
  Mit geschäftiger Hand, täglich mit neuem Genuss.
Aber die Nächte hindurch hält Amor mich anders beschäftigt;
  Werd' ich auch halb nur gelehrt, bin ich doch doppelt
  beglückt.
Und belehr' ich mich nicht, wenn ich des lieblichen Busens
  Formen spähe, die Hand leite die Hüften hinab.
Dann versteh ich den Marmor erst recht: ich denk und
  vergleiche,
  Sehe mit fühlendem Aug', fühle mit sehender Hand.

Raubt die Liebste denn gleich mir einige Stunden des Tages;
  Gibt sie Stunden der Nacht mir zur Entschädigung hin.
Wird doch nicht immer geküsst, es wird vernünftig gesprochen,
  Überfällt sie der Schlaf, lieg ich und denke mir viel.
Oftmals hab ich auch schon in ihren Armen gedichtet
  Und des Hexameters Maß leise mit fingernder Hand,
Ihr auf den Rücken gezählt. Sie atmet in lieblichem Schlummer
  Und es durchglühet ihr Hauch mir bis ins Tiefste die Brust.
Amor schüret die Lamp' indes und denket der Zeiten,
  Da er den nämlichen Dienst seinen Triumvirn getan.

Römische Elegien

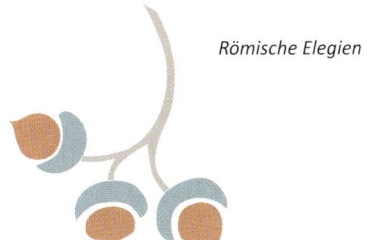

Freiwillige Abhängigkeit ist

der schönste Zustand,

und wie wäre der möglich ohne Liebe?

Wenn dir's im Kopf und Herzen schwirrt,
was willst du Bessres haben!
Wer nicht mehr liebt und nicht mehr irrt,
der lasse sich begraben.

Den größten Abstand weiß die Liebe,

die Erde mit dem Himmel auszugleichen.

Es ist eine unaussprechliche Glückseligkeit,
wenn Gesinnungen und Empfindungen
zwischen zwei Wesen wechseln, ohne irgend
anzustoßen.

Die Sterne, die begehrt man nicht,

man freut sich ihrer Pracht,

und mit Entzücken blickt man auf

in jeder heitern Nacht.

Lebe mir und

liebe mich.

An Charlotte von Stein,

Februar 1787

Ich kann mir die Bedeutsamkeit – die Macht,
die diese Frau über mich hat, anders nicht
erklären als durch die Seelenwanderung.
– Ja, wir waren einst Mann und Weib! – Nun
wissen wir von uns – verhüllt, in Geisterduft.
– Ich habe keine Namen für uns – die
Vergangenheit – die Zukunft – das All.

Über Charlotte von Stein,

Goethe an Wieland im April 1776

Deine Gegenwart hat auf mein Herz eine wunderbare Wirkung gehabt, ich kann nicht sagen, wie mir ist! Mir ist wohl und doch so träumig. Zeichnen konnte ich gestern nicht. Ich saß auf Wizlebens Felsen, die herrlich sind, und konnte nichts hervorbringen, da schrieb ich dir:

Ach wie bist du mir,

Wie bin ich dir geblieben!

Nein an der Wahrheit

Verzweifl ich nicht mehr.

Ach wenn du da bist,

Fühl ich, ich soll dich nicht lieben.

Ach wenn du fern bist,

Fühl ich, ich lieb dich so sehr.

An Charlotte von Stein,

August 1776

Mit Ihrem Freunde geht's so ziemlich, er hat gut geschlafen, nur heute früh Nasenbluten beim Aufstehen gehabt, welches ich einem gebratenen Täubchen und einigen Gläsern Wein zuschreibe, die er gestern Abend, als er von Ihnen ging, noch zu sich nahm. Es zeigt sich also immer noch eine Unregelmäßigkeit, welche nebst anderen die Götter ins Gleiche bringen mögen.

An Charlotte von Stein,

Februar 1781

Sie mögen mich doch heut zu Tische.

Ich bin recht artig und your lover for ever.

An Charlotte von Stein,

Februar 1781

Kaum bin ich von Ihnen weg, so hab ich Ihnen schon etwas zu sagen und zu schicken. Der Himmel war gar schön, ich wünschte Sie nur einen Augenblick heraus. Die Luft war gelinde und deutete von fern auf den Frühling. Der Braten, den ich Ihnen schicke, wird von härtlicher Natur sein. Vielleicht wäre er am besten in einer Pastete. Entscheiden Sie das und lassen mich womöglich noch davon genießen. Adieu Beste!

An Charlotte von Stein,
März 1781

Die Pfirschen sollen dich begrüßen
und ihr guter Geschmack dich erinnern,
dass ich dich liebe.

An Charlotte von Stein,
September 1781

Es ist wieder wie gewöhnlich, liebe Lotte,

solang ich kein Wort von dir habe,

fehlt mir die Stimmung auf den Tag

wie den Kaffeetrinkern,

wenn ihr Frühstück außen bleibt.

An Charlotte von Stein,
Juli 1782

Wenn du manches an mir dulden musst, so
ist es billig, dass ich auch wieder von dir leide.
Es ist auch so viel besser, dass man freundlich
abrechnet, als dass man sich immer einander
anähnlichen will und, wenn das nicht reüssiert,
einander aus dem Wege geht.

An Charlotte von Stein,
Februar 1789

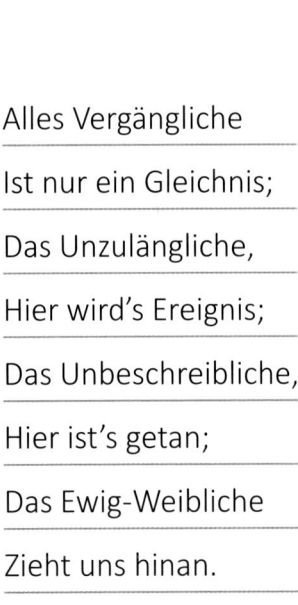

Alles Vergängliche

Ist nur ein Gleichnis;

Das Unzulängliche,

Hier wird's Ereignis;

Das Unbeschreibliche,

Hier ist's getan;

Das Ewig-Weibliche

Zieht uns hinan.

Faust II

Heideröslein

Sah ein Knab' ein Röslein stehn,
Röslein auf der Heiden,
War so jung und morgenschön,
Lief er schnell, es nah zu sehn,
Sah's mit vielen Freuden.
Röslein, Röslein, Röslein rot,
Röslein auf der Heiden.

Knabe sprach: Ich breche dich,
Röslein auf der Heiden!
Röslein sprach: Ich steche dich,
Dass du ewig denkst an mich,
Und ich will's nicht leiden.
Röslein, Röslein, Röslein rot,
Röslein auf der Heiden.

Und der wilde Knabe brach
's Röslein auf der Heiden;
Röslein wehrte sich und stach,
Half ihr doch kein Weh und Ach,
Musst' es eben leiden.
Röslein, Röslein, Röslein rot,
Röslein auf der Heiden.

Freudvoll

Und leidvoll

Gedankenvoll sein;

Hangen

Und bangen

In schwebender Pein,

Himmelhoch jauchzend,

Zum Tode betrübt;

Glücklich allein

Ist die Seele, die liebt.

Egmont, Klärchens Lied

Aber ist denn Bagdad so weit?

Gottes ist der Orient!

Gottes ist der Okzident!

Nord- und südliches Gelände

Ruht im Frieden seiner Hände.

West-östlicher Divan, Buch des Sängers

So der Westen wie der Osten
Geben Reines dir zu kosten.
Lass die Grillen, lass die Schale,
Setze dich zum großen Mahle:
Mögst auch im Vorübergehn
Diese Schüssel nicht verschmähn.

West-östlicher Divan, Aus dem Nachlass

Dich beglückte ja mein Gesang,

Nun dräng' er gern zu dir ins Ferne.

Ich singe Morgen und Abend entlang,

Sie sagen: Besser! Das hör ich gerne;

Kommt auch ein Blatt von Zeit zu Zeit,

Bringt einen Gruß, lass dich nicht stören!

Aber ist denn Bagdad so weit?

Willst du mich gar nicht wieder hören?

West-östlicher Divan, Aus dem Nachlass

Ihren Unterricht in der Philosophie

beginnen die Mohammedaner mit der Lehre,
dass nichts existiere, wovon sich nicht das
Gegenteil sagen lasse; und so üben sie den
Geist der Jugend, indem sie ihre Aufgaben
darin bestehen lassen, von jeder aufgestellten
Behauptung die entgegengesetzte Meinung
zu finden und auszusprechen, woraus eine
große Gewandtheit im Denken und Reden
hervorgehen muss. Nun aber, nachdem von
jedem aufgestellten Satze das Gegenteil
behauptet worden, entsteht der Zweifel,
welches denn von beiden das eigentlich Wahre
sei. Im Zweifel aber ist kein Verharren, sondern
er treibt den Geist zu näherer Untersuchung
und Prüfung, woraus denn, wenn diese auf
eine vollkommene Weise geschieht,
die Gewissheit hervorgeht.

Zu Eckermann, April 1827

Hegire

Nord und West und Süd zersplittern,
Throne bersten, Reiche zittern:
Flüchte du, im reinen Osten
Patriarchenluft zu kosten,
Unter Lieben, Trinken, Singen
Soll dich Chisers Quell verjüngen.

Dort, im Reinen und im Rechten,
Will ich menschlichen Geschlechten
In des Ursprungs Tiefe dringen,
Wo sie noch von Gott empfingen
Himmelslehr in Erdesprachen
Und sich nicht den Kopf zerbrachen.
(...)

Will mich unter Hirten mischen,
An Oasen mich erfrischen,
Wenn mit Karawanen wandle,
Schal, Kaffee und Moschus handle;
Jeden Pfad will ich betreten
Von der Wüste zu den Städten.

 West-östlicher Divan, Buch des Sängers

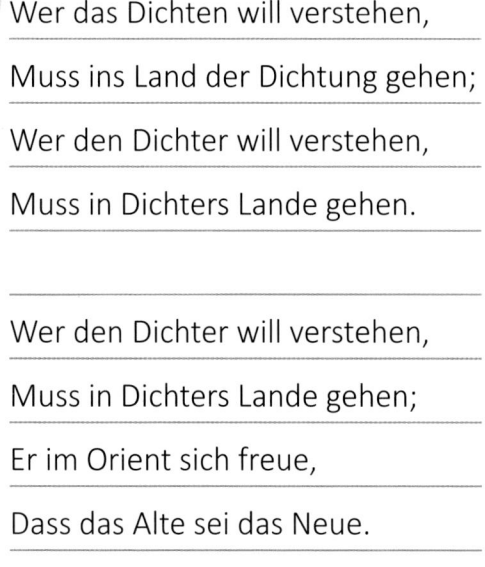

Wer das Dichten will verstehen,

Muss ins Land der Dichtung gehen;

Wer den Dichter will verstehen,

Muss in Dichters Lande gehen.

Wer den Dichter will verstehen,

Muss in Dichters Lande gehen;

Er im Orient sich freue,

Dass das Alte sei das Neue.

West-östlicher Divan, Aus dem Nachlass

Wer sich selbst und andre kennt,

Wird auch hier erkennen:

Orient und Okzident

Sind nicht mehr zu trennen.

Sinnig zwischen beiden Welten

Sich zu wiegen, lass ich gelten;

Also zwischen Osten und Westen

Sich bewegen, sei's zum Besten!

West-östlicher Divan, Aus dem Nachlass

In Frankfurt steht noch das Bügeleisen

Alle Arten von Bequemlichkeit sind eigentlich ganz gegen meine Natur. Sie sehen in meinem Zimmer kein Sofa. Ich sitze immer in meinem alten hölzernen Stuhl und habe erst seit einigen Wochen eine Art von Lehne für den Kopf anfügen lassen. Eine Umgebung von bequemen, geschmackvollen Möbeln hebt mein Denken auf und versetzt mich in einen behaglichen passiven Zustand. Ausgenommen, dass man von Jugend auf daran gewöhnt sei, sind prächtige Zimmer und elegantes Hausgerät etwas für Leute, die keine Gedanken haben und haben mögen.

Zu Eckermann, März 1831

Das Rauchen macht dumm. Es macht unfähig zum Denken und Dichten. Es ist auch nur für Müßiggänger, für Menschen, die Langeweile haben, die ein Drittteil des Lebens verschlafen, ein Drittteil mit Essen, Trinken und anderen notwendigen oder überflüssigen Dingen hindudeln und alsdann nicht wissen, obgleich sie immer vita brevis sagen, was sie mit dem letzten Drittteil anfangen sollen. Zum Rauchen gehört auch das Biertrinken, damit der erhitzte Gaumen wieder abgekühlt werde. Das Bier macht das Blut dick und verstärkt zugleich die Berauschung durch den narkotischen Tabaksdampf. So werden die Nerven abgestumpft und das Blut bis zur Stockung verdickt. Wenn es so fortgehen sollte, wie es den Anschein hat, so wird man nach zwei oder drei Menschenaltern schon sehen, was diese Bierbäuche und Schmauchlümmel aus Deutschland gemacht haben. An der Geistlosigkeit, Verkrüppelung und Armseligkeit unserer Literatur wird man es zuerst bemerken.

An Karl Ludwig von Knebel

Ich hatte zwar sehr schöne Haare, aber mein Straßburger Friseur versicherte mir sogleich, dass sie viel zu tief nach hinten hin verschnitten seien und dass es ihm unmöglich werde, daraus eine Frisur zu bilden, in welcher ich mich produzieren dürfe, weil nur wenige kurze und gekrauste Vorderhaare statuiert würden, alles Übrige vom Scheitel an in den Zopf oder Haarbeutel gebunden werden müsse. Hierbei bleibe nun nichts übrig, als mir eine Haartour gefallen zu lassen, bis das natürliche Wachstum sich wieder nach den Erfordernissen der Zeit hergestellt habe. Er versprach mir, dass niemand diesen unschuldigen Betrug, gegen den ich mich erst sehr ernstlich wehrte, jemals bemerken solle, wenn ich mich sogleich dazu entschließen könnte. Er hielt Wort, und ich galt immer für den bestfrisierten und bestbehaarten jungen Mann.

Da ich aber vom frühen Morgen an so aufgestutzt und gepudert bleiben und mich zugleich in Acht nehmen musste, nicht durch Erhitzung und heftige Bewegung den falschen Schmuck zu verraten, so trug dieser Zwang wirklich viel bei, dass ich mich eine Zeit lang ruhiger und gesitteter benahm, mir angewöhnte, mit dem Hut unterm Arm und folglich auch in Schuh und Strümpfen zu gehen; doch durfte ich nicht versäumen, feinlederne Unter-strümpfe zu tragen, um mich gegen die Rheinschnaken zu sichern, welche sich an schönen Sommerabenden über die Auen und Gärten zu verbreiten pflegen.

Dichtung und Wahrheit

Macht man nicht gern eine entfernte Spazierfahrt,
um einen Kaffee zu trinken, einen Fisch
zu genießen, der uns zu Hause nicht so gut
geschmeckt hätte? Wir verlangen Abwechslung
und fremde Gegenstände.

Die Wahlverwandtschaften

Wenn man einige Monate die Zeitungen

nicht gelesen hat, und man liest sie alsdann

zusammen, so zeigt sich erst, wie viel Zeit

man mit diesen Papieren verdirbt.

Wir sind schon weiter in Frankreich, das Lager steht bei Verdun. Die Stadt wollte sich nicht ergeben und ist gestern Nacht beschossen worden. Es ist ein schrecklicher Anblick, und man möchte sich nicht denken, dass man was Liebes darin hätte. Heute wird sie sich ergeben und die Armee weiter gegen Paris gehen. Es geht alles so geschwind, dass ich wahrscheinlich bald wieder bei dir bin. Sei ja ein guter Hausschatz und bereite mir eine hübsche Wohnung. Sorge für das Bübchen und behalte mich lieb. Behalte mich ja lieb! Denn ich bin manchmal in Gedanken eifersüchtig und stelle mir vor: dass dir ein andrer besser gefallen könnte, weil ich viele Männer hübscher und angenehmer finde als mich selbst. Das musst du aber nicht sehen, sondern du musst mich für den Besten halten, weil ich dich ganz entsetzlich lieb habe und mir außer dir nichts gefällt. Ich träume oft von dir, allerlei konfuses Zeug, doch immer dass wir uns lieb haben. Und dabei mag es bleiben.

An Christiane Vulpius, September 1792

Ich wollte, du wärst bei mir, so möchte das andre hin-
gehn. Ich war in ein Dorf recht schön einquartiert, da
haben mich die Wanzen wie gewöhnlich herausgejagt.
Nun schlafe ich wieder im Zelte, angezogen in einer
Strohbucht, und habe eine Decke, die uns, hoffe ich, bald
wieder zusammen zudecken soll. Ich denke viel an dich,
küsse dich und den Kleinen in Gedanken.
Du wirst nun das zweite Paket erhalten und dich gefreut
haben. In Frankfurt steht noch das Bügeleisen, die Schuhe
und Pantoffeln waren noch nicht fertig.

An Christiane Vulpius, Mai 1793

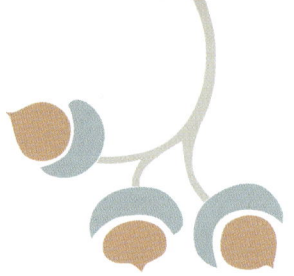

Heute Nacht sind wir unsanft geweckt worden.
Die Franzosen attackierten das Hauptquartier, ein Dorf
ungefähr eine halbe Stunde von uns. Das Feuer war
sehr lebhaft, sie wurden endlich zurückgetrieben.
Deiner Bitte eingedenk bin ich erst, da es Tag war und
alles vorbei, hinuntergeritten. Da lagen die armen
Verwundeten und Toten und die Sonne ging hinter Mainz
sehr prächtig auf.
Behalte mich lieb, ich werde mich um deinetwillen
schonen, denn du bist mein Liebstes auf der Welt.
Küsse den Kleinen.

An Christiane Vulpius, Mai 1793

Mein Mittagstisch ist wie immer nur
zur Not genießbar, gestern habe ich mir,
durch ein Gericht Meerrettich,
den ganzen Nachmittag verdorben.
Götze hat mir fürtreffliche Knackwürste
ausgemacht, sie mögen nur ein klein
bisschen zu stark gesalzen sein.
Deine bleiben immer noch die besten.
Sorge ja bei der neuen Schlacht dafür,
dass sie gut werden, weil ich zum
Frühstücke nun daran gewöhnt bin.

An Christiane Vulpius, Januar 1802

53

GÄSTE:

Spargel 12 Groschen,
Pomeranzen 9 Groschen 6 Pfennige,
Aal 21 Groschen,
Kuchen 6 Groschen,
Gäste 2 Taler 3 Groschen,
Nachtisch, Sandkuchen 1 Taler, 1 Groschen,
Kaffee 8 Groschen.

ALLERLEY:

Brodbackerlohn 12 Groschen,
Wachslichte 2 Taler,
in Belvedere 12 Groschen.

Ausgabenbuch Christiane Goethe,
Mittwoch, 10. April 1816

Was man in der Jugend wünscht ...

Was machst du an der Welt?
Sie ist schon gemacht,
Der Herr der Schöpfung hat alles bedacht.
Dein Los ist gefallen, verfolge die Weise,
Der Weg ist begonnen, vollende die Reise:
Denn Sorgen und Kummer verändern es nicht,
Sie schleudern dich ewig aus gleichem Gewicht.

West-östlicher Divan, Buch der Sprüche

Auch das ist Kunst, ist Gottes Gabe,

aus ein paar sonnenhellen Tagen sich

so viel Licht ins Herz zu tragen,

dass wenn der Sommer längst verweht,

das Leuchten immer noch besteht.

Es soll sich regen, schaffend handeln,

erst sich gestalten, dann verwandeln;

nur scheinbar steht's Momente still.

Das Ewige regt sich fort in allen;

denn alles muss in Nichts zerfallen,

wenn es im Sein beharren will.

Ei, bin ich darum achtzig Jahre alt geworden,
dass ich immer dasselbe denken soll?
Ich strebe vielmehr, täglich etwas anderes,
Neues zu denken, um nicht langweilig zu
werden. Man muss sich immerfort verändern,
erneuen, verjüngen, um nicht zu verstocken.

Aller Anfang ist leicht,
und die letzten Stufen
werden am schwersten
und seltensten erstiegen.

Der König in Thule

Es war einst ein König in Thule,
Gar treu bis an das Grab,
Dem sterbend seine Buhle
Einen goldnen Becher gab.

Es ging ihm nichts darüber,
Er leert' ihn jeden Schmaus;
Die Augen gingen ihm über,
So oft er trank daraus.

Und als er kam zu sterben,
Zählt' er seine Städt' im Reich,
Gönnt' alles seinen Erben,
Den Becher nicht zugleich.

Er saß beim Königsmahle,
Die Ritter um ihn her,
Auf hohem Vätersaale
Dort auf dem Schloss am Meer.

Dort stand der alte Zecher,
Trank letzte Lebensglut
Und warf den heil'gen Becher
Hinunter in die Flut.

Er sah ihn stürzen, trinken
Und sinken tief ins Meer.
Die Augen täten ihm sinken,
Trank nie einen Tropfen mehr.

Wenn ein Jahr nicht leer verlaufen soll, so muss man beizeiten anfangen.

Wie von unsichtbaren Geistern gepeitscht, gehen die Sonnenpferde der Zeit mit unsers Schicksals leichtem Wagen durch; und uns bleibt nichts als, mutig gefasst, die Zügel festzuhalten und bald rechts, bald links, vom Stein hier, vom Sturz da, die Räder abzulenken. Wohin es geht, wer weiß es? Erinnert er sich doch kaum, woher er kam.

Egmont

Reichtum und Schnelligkeit ist, was die Welt bewundert und wonach jeder strebt, Eisenbahnen, Schnellposten, Dampfschiffe und alle mögliche Fazilitäten der Kommunikation sind es, worauf die gebildete Welt ausgeht, sich zu überbieten, zu überbilden und dadurch in der Mittelmäßigkeit zu verharren.

An Carl Friedrich Zelter,
Juni 1825

Was man in der Jugend wünscht,

hat man im Alter die Fülle.

Dichtung und Wahrheit

Mein Erbteil wie herrlich, weit und breit!

Die Zeit ist mein Besitz, mein Acker ist die Zeit.

West-östlicher Divan,
Buch der Sprüche

Alexander und Cäsar und Heinrich und Friedrich,
   die Großen,
Gäben die Hälfte mir gern ihres erworbenen Ruhms,
Wenn ich ihnen dies Lager auf eine Nacht nur vergönnte;
Aber die Armen, sie hält strenge des Orkus Gewalt.
Freue dich also, Lebendger, der lieberwärmenden Stätte,
Ehe den fliehenden Fuß schauerlich Lethe dir netzt.

Römische Elegien

Die Zeit ist unendlich lang

und ein jeder Tag ein Gefäß,

in das sich sehr viel eingießen lässt,

wenn man es wirklich ausfüllen will.

Gutes tu rein aus des Guten Liebe!
Das überliefre deinem Blut;
Und wenn's den Kindern nicht verbliebe,
Den Enkeln kommt es doch zugut.

West-östlicher Divan,
Buch der Sprüche

Jedem Alter des Menschen antwortet eine gewisse
Philosophie. Das Kind erscheint als Realist; denn es findet
sich so überzeugt von dem Dasein der Birnen und Äpfel
als von dem seinigen. Der Jüngling, von innern Leiden-
schaften bestürmt, muss auf sich selbst merken, sich
vorfühlen: Er wird zum Idealisten umgewandelt. Dagegen
ein Skeptiker zu werden, hat der Mann alle Ursache; er
tut wohl, zu zweifeln, ob das Mittel, das er zum Zwecke
gewählt hat, auch das rechte sei. Vor dem Handeln im
Handeln hat er alle Ursache, den Verstand beweglich zu
erhalten, damit er nicht nachher sich über eine falsche
Wahl zu betrüben habe. Der Greis jedoch wird sich immer
zum Mystizismus bekennen. Er sieht, dass so vieles vom
Zufall abzuhängen scheint: Das Unvernünftige gelingt, das
Vernünftige schlägt fehl, Glück und Unglück stellen sich
unerwartet ins Gleiche; so ist es, so war es, und das hohe
Alter beruhigt sich in dem, der da ist, der da war und der
da sein wird.

Maximen und Reflexionen

In der Ferne zeigt sich alles reiner,

was in der Gegenwart uns nur verwirrt.

Torquato Tasso

Wir irrten uns aneinander,

es war eine schöne Zeit.

Der ist der glücklichste Mensch,

der das Ende seines Lebens mit

dem Anfang in Verbindung setzen kann.

Maximen und Reflexionen

Ich ging im Walde
so für mich hin

Die Welt ist so leer, wenn man nur Berge, Flüsse und Städte darin denkt, aber hie und da jemand zu wissen, der mit uns übereinstimmt, mit dem wir auch stillschweigend fortleben: Das macht uns dieses Erdenrund erst zu einem bewohnten Garten.

Wilhelm Meisters Lehrjahre

Über Rosen lässt sich dichten,

in die Äpfel muss man beißen.

Sieh, so ist Natur ein Buch lebendig,

unverstanden, doch nicht unverständlich.

Steine sind stumme Lehrer.
Sie machen den Beobachter stumm,
und das Beste, was man von ihnen lernt,
ist nicht mitzuteilen.

Wilhelm Meisters Lehrjahre

Alles ist Blatt,

und durch diese Einfachheit

wird die größte Mannigfaltigkeit möglich.

Ginkgo biloba.

Dieses Baums Blatt, der von Osten
Meinem Garten anvertraut,
Giebt geheimen Sinn zu kosten,
Wie 's den Wißenden erbaut.

Ist es ein lebendig Wesen,
Das sich in sich selbst getrennt,
Sind es zwey die sich erlesen,
Daß man sie als Eines kennt.

Solche Frage zu erwiedern
Fand ich wohl den rechten Sinn,
Fühlst du nicht an meinen Liedern
Daß ich Eins und doppelt bin.

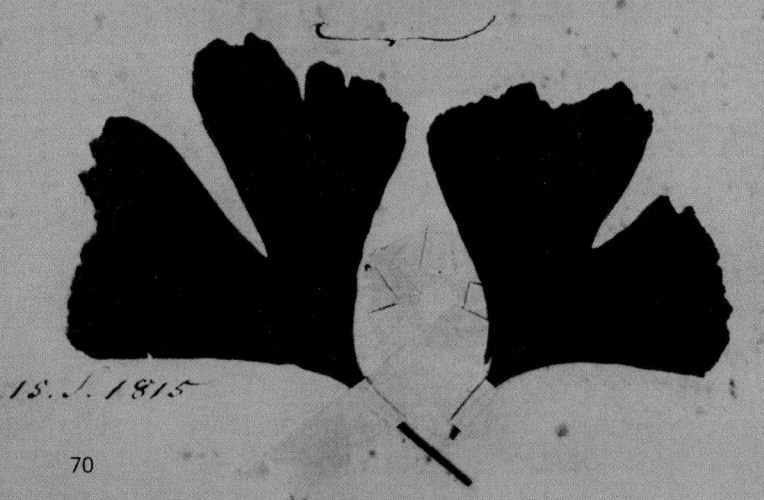

15. J. 1815.

70

Ginkgo biloba

Dieses Baums Blatt, der von Osten

Meinem Garten anvertraut,

Gibt geheimen Sinn zu kosten,

Wie's den Wissenden erbaut.

Ist es ein lebendig Wesen,

Das sich in sich selbst getrennt?

Sind es zwei, die sich erlesen,

Dass man sie als eines kennt?

Solche Frage zu erwidern,

Fand ich wohl den rechten Sinn;

Fühlst du nicht an meinen Liedern,

Dass ich eins und doppelt bin?

Auf dem See

Und frische Nahrung, neues Blut
Saug ich aus freier Welt;
Wie ist Natur so hold und gut,
Die mich am Busen hält!
Die Welle wieget unsern Kahn
Im Rudertakt hinauf,
Und Berge, wolkig himmelan,
Begegnen unserm Lauf.
Aug', mein Aug', was sinkst du nieder?
Goldne Träume, kommt ihr wieder?
Weg, du Traum! so gold du bist;
Hier auch Lieb' und Leben ist.
Auf der Welle blinken
Tausend schwebende Sterne,
Weiche Nebel trinken
Rings die türmende Ferne;
Morgenwind umflügelt
Die beschattete Bucht,
Und im See bespiegelt
Sich die reifende Frucht.

Wanderers Nachtlied

Über allen Gipfeln

Ist Ruh,

In allen Wipfeln

Spürest du

Kaum einen Hauch;

Die Vögelein schweigen im Walde.

Warte nur, balde

Ruhest du auch.

Gefunden

Ich ging im Walde
So für mich hin,
Und nichts zu suchen,
Das war mein Sinn.

Im Schatten sah ich
Ein Blümlein stehn,
Wie Sterne blinkend,
Wie Äuglein schön.

Ich wollt es brechen,
Da sagt es fein:
Soll ich zum Welken
Gebrochen sein?

Mit allen Wurzeln
Hob ich es aus
Und trug's zum Garten
Am hübschen Haus.

Ich pflanzt es wieder
Am kühlen Ort;
Nun zweigt und blüht es
Mir immerfort.

»Bei großer Sommerhitze«, sagte Goethe, »weiß ich keine bessere Zuflucht als diese Stelle. Ich habe die Bäume vor vierzig Jahren alle eigenhändig gepflanzt, ich hab die Freude gehabt, sie heranwachsen zu sehen, und genieße nun schon seit geraumer Zeit die Erquickung ihres Schattens. Das Laub dieser Eichen und Buchen ist der mächtigsten Sonne undurchdringlich; ich sitze hier gern an warmen Sommertagen nach Tische, wo denn auf diesen Wiesen und auf dem ganzen Park umher oft eine Stille herrscht, von der die Alten sagen würden: dass der Pan schlafe.«

Eckermann

Die Deutschen sind übrigens wunderliche Leute

Zur Nation euch zu bilden, ihr hoffet es,
    Deutsche, vergebens;
Bildet, ihr könnt es, dafür freier zu Menschen euch aus!

Xenien

Der Deutsche soll alle Sprachen lernen,

damit ihm zu Hause kein Fremder

unbequem, aber er in der Fremde

überall zu Hause sei.

Wir verzärtelten, unerfahrenen

Menschen schreien bei jeder

fremden Heuschrecke, die uns begegnet:

Herr, er will uns fressen.

Zum Shakespeare-Tag

Unsere moralische und politische Welt ist mit
unterirdischen Gängen, Kellern und Kloaken
miniert, wie eine große Stadt zu sein pflegt.

An Lavater, Juni 1781

Die Deutschen sind übrigens wunderliche Leute! Sie machen sich durch ihre tiefen Gedanken und Ideen, die sie überall suchen und überall hineinlegen, das Leben schwerer als billig. Ei, so habt doch endlich einmal die Courage, euch den Eindrücken hinzugeben, euch ergötzen zu lassen, euch rühren zu lassen, euch erheben zu lassen, ja euch belehren zu lassen und zu etwas Großem entflammen und ermutigen zu lassen! Aber denkt nur nicht immer, es wäre alles eitel, wenn es nicht irgend abstrakter Gedanke und Idee wäre.

Zu Eckermann, Mai 1827

Amerika, du hast es besser
Als unser Kontinent, das alte,
Hast keine verfallene Schlösser
Und keine Basalte.

Dich stört nicht im Innern,
Zu lebendiger Zeit,
Unnützes Erinnern
Und vergeblicher Streit.

Benutzt die Gegenwart mit Glück!
Und wenn nun eure Kinder dichten,
Bewahre sie ein gut Geschick
Vor Ritter-, Räuber- und Gespenstergeschichten.

Die Engländer überhaupt scheinen vor vielen anderen etwas voraus zu haben. Wir sehen hier in Weimar ja nur ein Minimum von ihnen und wahrscheinlich keineswegs die besten; aber was sind das alles für tüchtige Leute! Und so jung und siebzehnjährig sie hier auch ankommen, so fühlen sie sich doch in dieser deutschen Fremde keineswegs fremd und verlegen. Vielmehr ist ihr Auftreten und ihr Benehmen in der Gesellschaft so voller Zuversicht und so bequem, als wären sie überall die Herren und als gehöre die Welt überall ihnen.

Zu Eckermann, März 1828

Es geht uns alten Europäern übrigens mehr oder weniger allen herzlich schlecht; unsere Zustände sind viel zu künstlich und kompliziert, unsere Nahrung und Lebensweise ist ohne die rechte Natur, und unser geselliger Verkehr ohne eigentliche Liebe und Wohlwollen.

Zu Eckermann, März 1828

Wer die deutsche Sprache versteht und studiert, befindet sich auf dem Markte, wo alle Nationen ihre Waren anbieten; er spielt den Dolmetscher, indem er sich selbst bereichert.

Frankreichs traurig Geschick, die Großen mögen's bedenken;
Aber bedenken fürwahr sollen es Kleine noch mehr.
Große gingen zugrunde: Doch wer beschützte die Menge
Gegen die Menge? Da war Menge der Menge Tyrann.

Venezianische Epigramme

Welche Regierung die beste sei?

Diejenige, die uns lehrt, uns selbst zu regieren.

Maximen und Reflexionen

Wer fremde Sprachen nicht kennt,

weiß nichts von seiner eigenen.

Maximen und Reflexionen

Die Fremde hat ein fremdes Leben,

und wir können es uns nicht

zu Eigen machen, wenn es uns gleich

als Gästen gefällt.

An Herder, Oktober 1786

Toleranz sollte eigentlich nur
eine vorübergehende Gesinnung sein:
Sie muss zur Anerkennung führen.
Dulden heißt beleidigen.

Maximen und Reflexionen

**Ursprünglich eignen Sinn
lass dir nicht rauben ...**

Kein Mensch will etwas werden,
ein jeder will schon etwas sein.

Zahme Xenien

Schätze das Leben

nicht höher als ein anderes Gut,

und alle Güter sind trüglich.

Hermann und Dorothea

Frei will ich sein im Denken und im Dichten;

im Handeln schränkt die Welt genug uns ein.

Torquato Tasso

Man kann die Erfahrung
nicht früh genug machen, wie
entbehrlich man in der Welt ist.

Wilhelm Meisters Lehrjahre

Sobald man in Gesellschaft ist, nimmt man vom Herzen
den Schlüssel ab und steckt ihn in die Tasche.
Diejenigen, welche ihn stecken lassen, sind Dummköpfe.

Zu Lavater, Juni 1774

Der Mensch ist dem Menschen das Interessanteste
und sollte ihn vielleicht ganz allein interessieren.
Alles andere, was uns umgibt, ist entweder nur
Element, in dem wir leben, oder Werkzeug,
dessen wir uns bedienen.

Wilhelm Meisters Lehrjahre

Durch nichts bezeichnen die Menschen

mehr ihren Charakter als durch das,

was sie lächerlich finden.

Die Wahlverwandtschaften

Wer die Menschen behandelt, wie sie sind,
macht sie schlechter. Wer sie aber behandelt,
wie sie sein könnten, macht sie besser.

Man wird nie betrogen,

man betrügt sich selbst.

Wilhelm Meisters Wanderjahre

Rat zu geben

ist das dümmste Handwerk,

das einer treiben kann.

Rate sich jeder selbst und tue,

was er nicht lassen kann.

Die Menschen kennen sich einander nicht.
Nur die Galeerensklaven kennen sich,
die eng an eine Bank geschmiedet keuchen,
wo keiner was zu fordern hat und keiner was zu verlieren.

Torquato Tasso

Nicht vor Irrtum zu bewahren, ist die Pflicht
des Menschenerziehers, sondern den Irrenden zu leiten,
ja ihn seinen Irrtum aus vollen Bechern ausschlürfen
zu lassen.

Wilhelm Meisters Lehrjahre

Der Undank ist immer

eine Art Schwäche.

Ich habe nie gesehen,

dass tüchtige Menschen

undankbar gewesen wären.

Maximen und Reflexionen

Gedenkt man, wie viel Menschen man gesehen, gekannt, und gesteht sich, wie wenig wir ihnen, wie wenig sie uns gewesen, wie wird uns da zumute! Wir begegnen dem Geistreichen, ohne uns mit ihm zu unterhalten, dem Gelehrten, ohne von ihm zu lernen, dem Gereisten, ohne uns zu unterrichten, dem Liebevollen, ohne ihm etwas Angenehmes zu erzeigen.

Die Wahlverwandtschaften

Ich weiß, dass mir nichts angehört

Als der Gedanke, der ungestört

Aus meiner Seele will fließen,

Und jeder günstige Augenblick,

den mich ein liebendes Geschick

von Grund aus lässt genießen.

Gold kauft die Stimme großer Haufen,
kein einzig Herz erwirbt es dir.

Jeder Mensch ist beschränkt genug, den anderen
zu seinem Ebenbild erziehen zu wollen. Glücklich sind
diejenigen daher, deren sich das Schicksal annimmt,
das jeden nach seiner Weise erzieht!

Wilhelm Meisters Lehrjahre

Das Leben lehrt uns,

weniger mit uns und andern

strenge zu sein.

Iphigenie auf Tauris

Ursprünglich eignen Sinn

Lass dir nicht rauben!

Woran die Menge glaubt,

Ist leicht zu glauben.

Natürlich mit Verstand

Sei du beflissen;

Was der Gescheite weiß,

Ist schwer zu wissen.

Das Beste ist die tiefe Stille,

in der ich gegen die Welt wachse und gewinne,

was sie mir mit Feuer und Schwert nicht

nehmen können.

Bilder: S. 5: Silhouette Goethe in Hoftracht um 1780: picture alliance /
arkivi; S. 9: Manuskriptseite aus »Faust«: picture alliance / akg; S. 18:
Johann Wolfgang von Goethe: Landgut Apollinare von Villa Borghese
aus: picture alliance / akg; S. 25: Johann Heinrich Wilhelm Tischbein:
Das verfluchte zweite Kissen (Goethe in der römischen Wohnung am
Corso; Italienische Reise): picture alliance / akg; S. 35: Charlotte von
Stein: picture alliance / akg; S. 39: Johann Wolfgang von Goethe: Die
Schlossbrücke in Weimar: picture alliance / akg; S. 49: Goethe (Radie-
rung nach Zeichnung von Georg Friedrich Schmoll): picture alliance /
akg; S. 54: Gretchen lehnt sich, vom Schlafe übermannt, an Wolfgangs
Schulter (Holzstich nach Zeichnung von Eugen Klimsch), aus: »Dichtung
und Wahrheit«: picture alliance / akg; S. 74: Ginkgo biloba (eigenhän-
dige Reinschrift des Gedichts für Marianne von Willemer mit eingekleb-
ten Ginkgo-Blättern): picture alliance / akg; S. 77: Goethes Gartenhaus
in Weimar: © dpa Bilderdienste; S. 82: Joseph Stieler, Goethe: picture
alliance / akg; S. 95: Johann Heinrich Wilhelm Tischbein: Goethe am
Fenster der römischen Wohnung am Corso: picture alliance / akg, Getty
Images / Thinkstock

Covergestaltung: arsEdition
Innengestaltung: Eva Schindler
Textauswahl: Sandra Miehling
Printed by Tien Wah Press
ISBN 978-3-8458-2663-9
1. Auflage

FSC
www.fsc.org
MIX
Papier aus ver-
antwortungsvollen
Quellen
FSC® C012700

www.arsedition.de